Feige-Bananen-Mix

2	Feigen aus der Dose	100 ml	Trinkjoghurt
50 ml	Bananensaft	1 Prise	Zimt und geriebene Muskatnuss
2-3 TL	Limettensaft		

1 Feigen gut abtropfen lassen und alle Zutaten auf Stufe 5-7 im Mixtopf pürieren.

2 Anschließend gut abschmecken, eventuell mit Eiswürfel servieren.

Himbeer-Melonendrink

125 g	Himbeeren, TK	1 EL	Zitronensaft
125 g	Wassermelonen-Fruchtfleisch ohne Kerne	100 ml	Kefir

Alle Zutaten im Mixtopf auf Stufe 8 pürieren und gekühlt servieren.

Mango-Joghurt-Cocktail

¼ Dose	Mangofruchtfleisch mit Saft (ca.100 g)	125 g	Naturjoghurt
1 EL	Zitronensaft	10 g	Zucker
		½ TL	Vanillezucker

Alle Zutaten im Mixtopf auf Stufe 7-8 pürieren und anschließend servieren.

Apfel-Sauerkraut-Bombe

125 g	geschälte und entkernte Äpfel	etwas	Salz und Pfeffer
150 ml	Sauerkrautsaft	1 Prise	Zucker
2 EL	Schlagsahne	½ TL	Majoran

Äpfel, Saft und Sahne im Mixtopf auf Stufe 10 pürieren. Anschließend mit den Gewürzen abschmecken und kurz auf Stufe 5 pürieren, sofort servieren.

Aprikose-Möhre-Fitmacher

2	getrocknete Aprikosen	2 TL	flüssiger Honig
100 ml	Aprikosensaft	2 TL	Limettensaft
1 EL	Schmelzflocken (feine Haferflocken)	75 ml	Aprikosensaft

Alle Zutaten im Mixtopf auf Stufe 8 fein pürieren und mit 75 ml Möhrensaft auffüllen und gekühlt servieren.

Rote Bete-Kefir-Trunk

100 ml Rote Bete-Saft
50 ml Möhrensaft
2 TL Zitronensaft
1 MSP Koriander, gemahlen
Salz
Pfeffer

1 Alles im Mixtopf auf Stufe 8 gut vermischen.

2 Anschließend würzen und abschmecken.

Banane-Apfel-Mix

½	Banane, geschält	50 ml	Apfelsaft
½ TL	Zitronensaft	20 ml	Sanddornsaft
125 g	Multifrucht-Buttermilch	Mandelblättchen	

1 Banane im Mixtopf mit Zitronensaft 2 Min./Stufe 8 pürieren.

2 Buttermilch, Apfelsaft und Sanddornsaft zugeben und auf Stufe 1 durchmixen.

3 Mit den Mandelblättchen bestreut servieren.

Brombeermilch

für 2 Gläser

75 g	Brombeeren, gewaschen
300 ml	Vollmilch
2 TL	Honig
2 TL	Weizenkeime
1 TL	Zitronensaft

1 Brombeeren mit den Zutaten – außer dem Zitronensaft - im Mixtopf auf Stufe 8 verquirlen.

2 Mit Zitronensaft fein säuerlich abschmecken und gekühlt servieren.

Johannisbeer-Granité

für 2 Gläser

200 ml roter Johannisbeernektar
80 ml schwarzer Johannisbeernektar
250 ml Apfelsaft
1 MSP Kardamom und Zimtpulver

1 Johannisbeernektare im Mixtopf auf Stufe 8 mischen und im Eiswürfelbehälter einfrieren (super gehen auch Eiskugelbeutel).

2 Diese Eiswürfel od. Kugeln im Mixtopf auf Stufe 8-10 zerkleinern, nun den Apfelsaft zugießen und auf Stufe 8 schnell vermischen und sofort servieren.

Buttermilch-Kick

4 Portionen

2 EL Sanddornsaft
100 ml Orangensaft, frisch gepresst
4 TL Honig
2 TL Zitronensaft
2 Becher Buttermilch à 500 ml

Alle Zutaten im Mixtopf auf Stufe 6 mischen und gut gekühlt servieren.

ZITRONEN-SMOOTHIE

200 ml Trinkjoghurt, natur
1 Kugel Zitroneneis
1 TL Zucker,
1 TL Limonensirup
1 dünn geschnittene Scheibe von einer Zitrone

1 Alle Zutaten, außer der Zitronenscheibe, im Mixtopf auf Stufe 8 pürieren.

2 Vor dem Servieren die Zitronenscheibe zufügen und kalt servieren.

Karotten-Mix

für 4 Portionen

750 ml Karottensaft

250 ml Bananensaft
Eiswürfel

Beide Säfte im Mixtopf auf Stufe 6 mischen und mit Eiswürfel servieren.

Joghurt-Flip

für 4 Gläser

200 g	gemischte Beerenfrüchte, TK (aufgetaut mit Saft) oder frisch	4	Becher Naturjoghurt
		2 cl	Pflaumen-Aperitif (gibt es im Asialaden)
		etwas	Zucker oder Süßstoff
			Schokoraspel

1 Früchte, Joghurt und Aperitif im Mixtopf 1 Min. auf Stufe 7-8 pürieren. Mit Zucker oder Süßstoff abschmecken.

2 In Gläser füllen und mit Schokoraspel bestreuen, gekühlt servieren.

Roter Muntermacher

für 4 Portionen

1 Dose	geschälte Tomaten, groß
850 ml	Saft von 1 Zitrone
250 ml	kalte Brühe aus Instant
2 MSP	Cayennepfeffer
2 EL	Soja-Soße
Pfeffer a. d. Mühle	

Alles zusammen im Mixtopf auf Stufe 7-8 rühren und gekühlt servieren.

Ananas-Joghurt-Shake

für 2 Portionen

1	Mango, geschält und entkernt,
½	Banane, geschält
2	Orangen, ausgepresst
100 g	Molke (flüssig)
1 Becher	Ananasjoghurt (150 g)

1 Mango und Banane mit dem Joghurt im Mixtopf 1 Min./Stufe 8 mixen.

2 Orangensaft und Molke (flüssig) zugeben und nochmals kurz auf Stufe 5 mischen.

Schönheitsdrink

für 2 Portionen

1 Dose Mandarin-Orangen, klein
150 g flüssige Molke
2 EL Weizenkeime
2 Becher Nektarine-Wildorangen-Joghurt

Früchte im Mixtopf für 1 Min. auf Stufe 8 pürieren. Molke und Weizenkeime für 20 Sek. auf Stufe 5 und nach Belieben mit Eiswürfel servieren.

Kirsch-Kokos-Shake

für 2 Portionen

100 g Kokosmilch aus der Dose
200 g Buttermilch
1 Pck. Vanillezucker
100 ml Kirschsaft
2 Becher Kirschjoghurt à 150 g

1 Joghurt, Kokosmilch und Buttermilch im Mixtopf auf Stufe 8 für 15 Sek. mischen.

2 In Gläser füllen und den Kirschsaft vorsichtig oben drauf geben und nur leicht im Glas mit einer Gabel umrühren.

3 Gekühlt serviert schmeckt's am besten. So sieht es schön marmoriert aus.

Schlankmacher-Shake

für 2 Portionen

200 g geschälte und entkernte Salatgurke
1 Bund Schnittlauch
300 g Naturjoghurt
150 g Buttermilch
2 EL Apfelessig
Salz
schwarzen Pfeffer

1 Schnittlauch putzen und mit der Küchenschere in Röllchen schneiden. Gurke und Joghurt im Mixtopf auf Stufe 9 für 20 Sek. fein pürieren.

2 Buttermilch, Apfelessig, die Schnittlauchröllchen sowie etwas Salz und schwarzen Pfeffer frisch aus der Mühle zugeben und 10 Sek./Stufe 3 unterrühren.

Bananen-Power

für 2 Portionen

4	Eiswürfel
1/4 l	Milch
1 EL	Schlagsahne
1	kleine Banane
1	Zitrone
1 EL	Zucker

1 Die Zitrone heiß abwaschen und die Schale mit einer feinen Reibe abreiben .

2 Eiswürfel im Mixtopf auf Stufe 10 für 8 Sek. zerkleinern.

3 Milch, Sahne, Banane, Zitronenschale und Zucker dazu und alles 15 Sek./Stufe 8-9 mischen.

Erdbeer-Frappé

für 2 Portionen

1 EL Vanillezucker
1/8 l frische Buttermilch

10 Erdbeeren, gewaschen und geputzt
2 Becher Naturjoghurt, gut gekühlt

1 Joghurt, Vanillezucker und geputzte Erdbeeren im Mixtopf 20 Sek. auf Stufe 7 schaumig mixen.

2 Mit Buttermilch auffüllen, nochmals kurz für 5 Sek. auf Stufe 8 mischen und sofort servieren.

Hawaii-Shake

für 2 Portionen

10 Erdbeeren, gewaschen und geputzt
1 Scheibe Ananas aus der Dose
2 EL Ananas-Sirup
2 Kugeln Vanilleeis
300 ml kalte Vollmilch

1 Erdbeeren mit der Ananasscheibe im Mixtopf 10 Sek./Stufe 8 pürieren.

2 Ananas-Sirup, Vanilleeis, Vollmilch dazu und alles 10 Sek./Stufe 9 mischen. Gut gekühlt servieren.

Kräuterbuttermilch

für 2 Gläser

2 EL gemischte, frische Kräuter
½ l gekühlte Buttermilch
1 MSP Salz und Zucker
20 ml Zitronensaft, frisch gepresst

1 Kräuter abbrausen und trocken tupfen. Anschließend im Mixtopf 5 Sek./Stufe 6 zerkleinern.

2 Buttermilch, mit Salz u. Zucker abschmecken.

3 Zitronensaft zugeben und kurz auf Stufe 6 mischen. Sofort servieren.

PARTYGETRÄNK

2-3 EL	Zucker	½ MB	Weinbrand
150 g	gefrorene Erdbeeren	1 Fl.	Sekt

1 Zucker auf Turbo zu Puderzucker verarbeiten und dazu die gefrorene Erdbeeren geben und auf Stufe 6 ca. 1 Min. zerkleinern.

2 Den Weinbrand und eine Flasche Sekt zugießen und noch mal kurz auf Stufe 1 mixen. In Cocktailgläsern servieren.

Tomaten-Cocktail

für 2 Portionen

5	Eiswürfel
1 TL	Worcestersauce
2 TL	Zitronensaft
200 ml je Glas	Tomatensaft
1 Prise je Glas	Salz u. Pfeffer
1 MSP	Paprikapulver

1 Eiswürfel im Mixtopf kurz auf Stufe 10 zerkleinern.

2 Alle anderen Zutaten zugeben und alles zusammen 15 Sek./Stufe 8 mischen.

3 Ist super als Katerkiller, aber auch als Appetitdrink vor dem Essen!

Apfel-Banane-Avocado-Drink

für 2 Gläser

1/2 gut reife, weiche Avocado
1/2 weiche, reife, geschälte Banane
300 ml eiskalter, naturtrüber Apfelsaft

Alles im Mixtopf 20 Sek./Stufe 9 mixen und gekühlt, d.h. sofort servieren.

Fitness-Zeit

für 2 Portionen

20 ml Zitronensaft
120 ml Orangensaft
120 ml Ananassaft
½ reife, geschälte Banane
40 ml Bananensirup

je Glas
2 Eiswürfel
gekühltes Mineralwasser

1 Zitronensaft, Orangensaft, Ananassaft, Banane und Bananensirup im Mixtopf auf Stufe 8/15 Sek. mixen.

2 Gläser mit den Eiswürfeln bestücken, den Saft verteilen und mit einem Schuss Mineralwasser auffüllen. Mit einem Trinkhalm servieren.

Kokos-Kuss

für 2 Portionen

20 ml Zitronensaft
120 ml Orangensaft
120 ml Ananassaft
½ reife, geschälte Banane
40 ml Bananensirup
90 ml Orangensaft
240 ml Ananassaft
60 ml Kokosnusscreme (aus der Dose)
20 ml Schlagsahne
Eiswürfel

Alle Zutaten im Mixtopf 15 Sek./Stufe 9 mischen und mit Eiswürfel im Glas servieren.

Erdbeermix

für 2 Portionen

6	reife, mittelgroße, geputzte und gewaschene Erdbeeren
4	Eiswürfel
160 ml	frisch gepresster Grapefruitsaft
30 ml	Erdbeersirup
	gekühltes Mineralwasser

1. Erdbeeren mit Eiswürfel im Mixtopf 10 Sek./Stufe 10 mixen.

2. Grapefruitsaft und Erdbeersirup zugeben und nochmals 10 Sek./Stufe 9 mischen.

3. In 2 Gläser verteilen und mit gekühltem Mineralwasser auffüllen.

Sauerkirsch-Buttermilch

für 2 Portionen

12	entsteinte Sauerkirschen aus dem Glas	1/2 l	gekühlte Buttermilch
etwas	Saft von den Sauerkirschen	1 EL	Ahornsirup
		1 Prise	Zimt
		4	Eiswürfel

Sauerkirschen, Sauerkirschsaft, 1/2 Liter Buttermilch, Ahornsirup, Zimt im Mixtopf mit Eiswürfel 10 Sek./ Stufe 10 mischen und in vorgekühlten Gläsern servieren.

Mango-Erfrischung

für 2 Portionen

360 ml	frische Vollmilch
½	sehr reife, geschälte Mango
20 ml	Mangosirup
6	Eiswürfel
viel	frisch gemahlener, schwarzer Pfeffer

1 Milch, Mango, Mangosirup und Eiswürfel im Mixtopf 20 Sek./Stufe 10 mixen.

2 Mit Pfeffer bestäubt in Gläsern anrichten.

Müsli-Drink

für 2 Portionen

200 ml	Karottensaft
160 ml	naturtrüber Apfelsaft
4	Eiswürfel
½	reife, geschälte Banane
20 ml	Bananensirup
4 EL	Naturjoghurt
2 EL	Sonnenblumenkerne

geschälte Kürbiskerne

1 Karottensaft, Apfelsaft, Eiswürfel, Banane, Sirup und Joghurt im Mixtopf 15 Sek./ Stufe 8 mixen.

2 Sonnenblumenkerne dazugeben und kurz auf Stufe 7 untermischen.

3 In Gläsern servieren und mit den Kürbiskernen bestreuen.

Kühle Zitrone

für 2-3 Portionen

300 ml roter Traubensaft
20 ml Mandelsirup
4 Eiswürfel
zum Auffüllen Bitter Lemon

1 Traubensaft, Mandelsirup und Eiswürfel im Mixtopf 10 Sek./Stufe 10 mischen.

2 Mit Bitter Lemon auffüllen und gekühlt servieren.

Sport-Flip

für 2 Portionen

160 ml Orangensaft
160 ml Maracujasaft
2 frische Eigelb
20 ml Grenadine-Sirup
4 Eiswürfel

Alles im Mixtopf auf Stufe 10/15 Sek. mischen und sofort servieren.

Hagebutten-Power

für 2 Portionen

4 EL	Hagebuttenmark
160 ml	frisch gepresster Orangensaft
2 EL	frisch gepresster Zitronensaft
20 ml	Aprikosensirup
6	Eiswürfel

weiteres Eis zum Servieren

Alle Zutaten im Mixtopf 20 Sek./Stufe 10 mixen und mit weiteren Eiswürfel in Gläsern servieren.

Birnenshake

für 2 Portionen

1	reife Williams Christbirne entkernt,
300 ml	gekühlte Buttermilch
20 ml	Kokoscreme (aus der Dose)
4	Eiswürfel

Alle Zutaten im Mixtopf 20 Sek./Stufe 10 mixen und gekühlt servieren.

Früchtemilch

100 g	frische Früchte (nach Ihrer Wahl)	3 MB	Milch
1 Kugel	Vanilleeis	3 EL	Honig

Alle Zutaten im Mixtopf 20 Sek. auf Stufe 3 mixen.
Das Rezept ist für eine Person gedacht.

Orangenlikör

200 g	Orangensaft
100 g	Zucker
100 g	Wodka
200 g	Sahne

Alle Zutaten in den Mixtopf geben 20 Sek./Stufe 8 vermischen. Den Likör im Kühlschrank lagern!

Amazonen-Punsch

für 4-6 Portionen

3	Eigelb
1 TL	Vanillezucker
250 g	Zucker
1	Zitrone, abgeriebene

Schale davon

1/8 l	Schlagsahne
½ l	Vollmilch
¼ l	Weinbrand
½ l	Weißwein

1 Die Eigelb, Vanillezucker, Zucker, Zitronenschale und Sahne im Mixtopf mit dem Rührbesen 8 Min./70 °C/Stufe 3 schlagen.

2 Gerät auf 80 °C/Stufe 1 schalten und durch die Deckelöffnung Vollmilch, Weinbrand und Weißwein zugeben.

3 Nun alles zusammen erhitzen. Heißen Punsch in feuerfeste Gläser füllen und sofort servieren.

Louisiana-Shake

für 2 Portionen

2 enthäutete Tomaten
1 in Streifen geschnittene, geputzte grüne Paprikaschote
2 El Tomatenmark
Tabasco, Salz u. Pfeffer
1 MSP Paprikapulver

1 Tomaten entkernen. Mit Paprikastreifen und Tomatenmark im Mixtopf 20 Sek./Stufe 9 pürieren.

2 Shake mit Tabasco, Salz u. Pfeffer abschmecken. In 2 Gläser füllen und mit je 1 MSP Paprikapulver bestreuen, sofort servieren.

Erdbeer-Limonade

Für 2 Portionen

250 g frische, geputzte Erdbeeren

1/8 l Vollmilch

2 TL Zucker

Mineralwasser

Saft von ½ Zitrone

1 Erdbeeren, Zitronensaft, Milch und Zucker im Mixtopf 30 Sek./Stufe 8 pürieren.

2 Mit Mineralwasser nach Geschmack auffüllen und gekühlt trinken.

Für 2 Portionen

½ Liter Rhabarbersaft
½ Liter Erdbeersaft
1 TL Honig

1 Rhabarbersaft, Erdbeersaft und Honig im Mixtopf 20 Sek./ Stufe 8 mischen.

2 Gut gekühlt mit einem Trinkhalm servieren.

Honig-Buttermilch

für 2 Portionen

2 EL	Honig
1 EL	Puderzucker
2 MSP	Zimt
½ Liter	Buttermilch

Alle Zutaten 20 Sek./Stufe 10 mischen und sofort servieren.

Fruchtsaft

1	Apfel	1 EL	Schmand
1	Birne	1 TL	Honig
1	Bananen	400 g	Wasser

1 Apfel, Birne, Bananen, Schmand und den Honig auf Stufe 3 mixen.

2 Das Wasser hinzugeben und für weiter 20 Sek. auf Stufe 9 vermischen.

Sonntagmorgen-Trunk

für 3 Gläser		3 MB	frisch gepresster Orangensaft
4 Becher Joghurt, natur		2 EL	flüssiger Honig
4	Eigelb	etwas	steif geschlagene Sahne

Alle Zutaten, außer der steifen Sahne, im Mixtopf 30 Sek./Stufe 9 mischen und in Gläsern mit einem Tupfer geschlagene Sahne servieren.

Kirsch-Buttermilch

für 4 Gläser

250 g	Kirschen, gewaschen, entstielt und entsteint
1 MSP	Vanillemark
2 EL	Puderzucker
½ Liter	kalte Buttermilch
4	Eiswürfel

1 Kirschen im Mixtopf 20 Sek./Stufe 10 pürieren.

2 Die restlichen Zutaten dazu und noch 20 Sek./Stufe 8 mischen, sofort servieren.

Apfelmix-Milch

für 4 Gläser

4	Äpfel, gewaschen, geschält und entkernt	1 TL	Zitronensaft
		8	Eiswürfel
		½ l	Frischmilch
		1 Pck.	Vanillezucker

1 Äpfel Im Mixtopf mit Zitronensaft auf Stufe10/ 30 Sek. pürieren.

2 Die restlichen Zutaten hinzufügen und weitere 30 Sek./ Stufe 10 mischen.

3 Anschließend abschmecken, evtl. noch etwas nachzuckern und sofort servieren.

Apfel-Buttermilch

2	kleine Äpfel, entkernt
1 Pck.	Vanillezucker
½ l	Buttermilch
2 EL	Zucker
½ TL	Zimtpulver

1 Äpfel im Mixtopf 15 Sek./Stufe 7 pürieren.

2 Vanillezucker, Buttermilch, Zucker und Zimtpulver dazu und 10 Sek./Stufe 8 mischen.

Fruchtpunsch für Alle

½ l	Traubensaft, rot	1 Beutel	Glühweingewürz
½ l	Apfelsaft, naturtrüb	½ l	frisch gepresster Orangensaft
½ l	Birnensaft	2 EL	frischer Zitronensaft

1 Traubensaft, Apfelsaft und Birnensaft im Mixtopf 6 Min./70 °C/Stufe 1 erhitzen. Anschließend Heizung ausschalten und das Glühweingewürz im Beutel durch das Deckelloch geben.

2 Deckelloch wieder mit dem MB verschließen und das Getränk 10 Min. ziehen lassen. Beutel wieder herausfischen.

3 Orangensaft und Zitronensaft dazu geben und 3 Min./60 °C/Stufe 3 erhitzen und heiß servieren.

Erdbeer-Bananen-Drink

500 g	Erdbeeren	2 EL	Zitronensaft
500 g	Bananen	2 TL	Honig
¾ l	Milch		
½ l	Buttermilch		

Alle Zutaten im Mixtopf 15 Sek. auf Stufe 8 mixen.

GESUNDER STARTER-DRINK

300 ml Karottensaft
600 ml Trinkjoghurt, natur
2 EL Zucker
Saft von 2 ausgepressten Orangen
Saft von 1 ausgepressten Zitrone
1 MSP gemahlener Ingwer

1 Alle Zutaten - bis auf das Ingwerpulver - im Mixtopf 15 Sek./Stufe 10 mischen.

2 Ingwerpulver dazu und kurz auf Stufe 7 untermischen. Sofort in Gläser füllen und servieren.

Erdbeermilchmix

250 g	Erdbeeren, geputzt	1 EL	Zucker
¼ l	Dickmilch	2 gehäufte EL	Instant-Haferflocken
¼ l	Vollmilch		

1 Erdbeeren und Dickmilch im Mixtopf 15 Sek./Stufe 8 pürieren.

2 Restliche Zutaten dazu und 20 Sek./Stufe 10 mischen.

3 Wenn das Getränk Ihnen zu dick vorkommt, einfach Milch nachfüllen.

Ananas-Kokos-Mix

¼ l	Dickmilch
1 EL	Honig
1 EL	Kokosflocken
2 MB	kalte Vollmilch

2 Scheiben Ananas aus der Dose

1 Dickmilch und abgetropfte Ananas im Mixtopf 10 Sek./Stufe 9 pürieren.

2 Die restlichen Zutaten dazu geben und 20 Sek./Stufe 7 mischen, sofort servieren

Cuba-Milch

für 2 Portionen

1	Banane, geschält
1 TL	Zuckersirup und
1 EL	Zitronensaft
40 ml	Baccardi, weiß

gekühlte Vollmilch zum Auffüllen

1 Banane, Sirup und Zitronensaft im Mixtopf 15 Sek./ Stufe 9 pürieren. Rum dazu und 10 Sek./ Stufe 10 mischen.

2 Getränk auf 2 Gläser verteilen und mit der gekühlten Vollmilch auffüllen.

3 Tipp: Statt mit Baccardi schmeckt dies auch entweder mit Aprikot-Brandy, Ananaslikör oder Kräuterlikör lecker.

Kirschcocktail mit Erdbeeren

250 g	Sauerkirschen	200 g	Erdbeeren
1 Fl.	Tafelwasser	10	Minzeblättchen
3 EL	Honig	¾ l	weißer Traubensaft
2 EL	Zitronensaft		

1 ¼ l Tafelwasser mit Honig im Mixtopf 5 Min./Stufe 1 bei 100 °C kochen, Zitronensaft und entsteinte Kirschen zugeben.

2 Nun den Mixtopf für 5 Min. in kaltes Wasser stellen. Die Erdbeeren mit einer Gabel anstechen und mit den Minzeblättchen in eine Bowleschüssel füllen.

3 Anschließend den Traubensaft zugießen. Inhalt des Mixtopfes einfüllen und umrühren. Dann 30 Min. kühl stellen, halber Liter Tafelwasser dazugeben und in Cocktailgläsern servieren.

Inhaltsverzeichnis

Feige–Bananen–Mix	5
Himbeer–Melonendrink	6
Mango–Joghurt–Cocktail	7
Apfel–Sauerkraut–Bombe	8
Aprikose–Möhre–Fitmacher	9
Rote Bete–Kefir–Trunk	10
Banane–Apfel–Mix	11
Brombeermilch	12
Johannisbeer–Granité	13
Buttermilch–Kick	14
Zitronen–Smoothie	15
Karotten–Mix	16
Joghurt–Flip	17
Roter Muntermacher	18
Ananas–Joghurt–Shake	19
Schönheitsdrink	20
Kirsch–Kokos–Shake	21
Schlankmacher–Shake	22
Bananen–Power	23
Erdbeer–Frappé	24
Hawaii–Shake	25
Kräuterbuttermilch	26
Partygetränk	27
Tomaten–Cocktail	28
Apfel–Banane–Avocado–Drink	29
Fitness–Zeit	30
Kokos–Kuss	31
Erdbeermix	32
Sauerkirsch–Buttermilch	33
Mango–Erfrischung	34
Müsli–Drink	35
Kühle Zitrone	36

Sport–Flip	37
Hagebutten–Power	38
Birnenshake	39
Früchtemilch	40
Orangenlikör	41
Amazonen–Punsch	42
Louisiana–Shake	43
Erdbeer–Limonade	44
Für die Schönheit	45
Honig–Buttermilch	46
Fruchtsaft	47
Sonntagmorgen–Trunk	48
Kirsch–Buttermilch	49
Apfelmix–Milch	50
Apfel–Buttermilch	51
Fruchtpunsch für Alle	52
Erdbeer–Bananen–Drink	53
Gesunder Starter–Drink	54
Erdbeermilchmix	55
Ananas–Kokos–Mix	56
Cuba–Milch	57
Kirschcocktail mit Erdbeeren	58